Illisibilité partielle

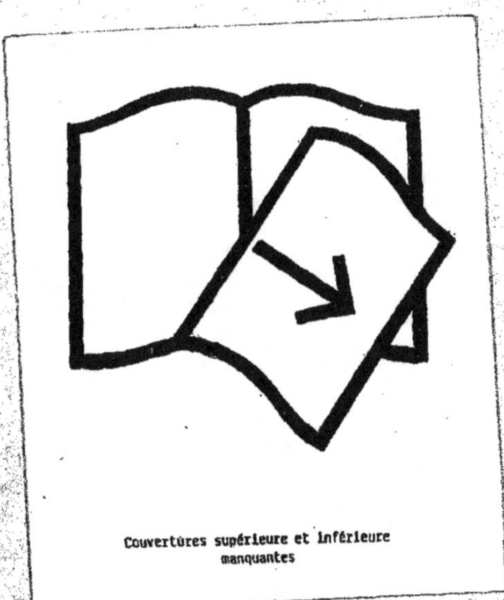

Couvertures supérieure et inférieure
manquantes

VALABLE POUR TOUT OU PARTIE DU
DOCUMENT REPRODUIT

DU MINISTÈRE

DE

LA POLICE GÉNÉRALE.

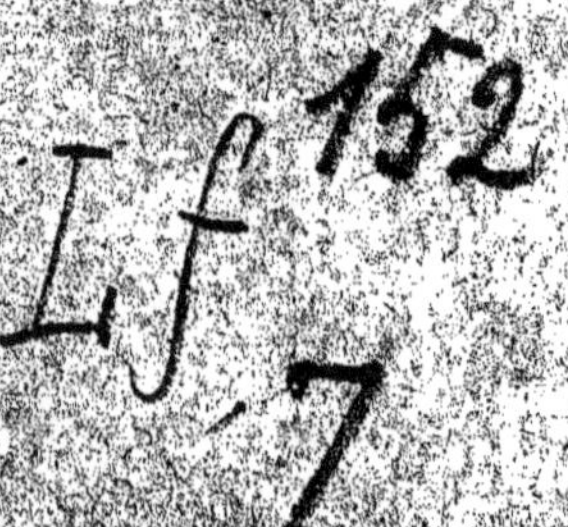

DU MINISTÈRE

DE

LA POLICE GÉNÉRALE,

PAR UN ANCIEN ADMINISTRATEUR DE LA POLICE.

A PARIS,

DE L'IMPRIMERIE DE C.-F. PATRIS,
Rue de la Colombe, n° 4, en la Cité.

Avril 1814.

AVERTISSEMENT (1).

Je déclare que ces considérations n'ont été rendues publiques par aucune vue personnelle, ni à la sollicitation d'aucune autorité : appelé par mes études et ma destination, à la magistrature, avant la révolution, je me suis vu porté, dès 1789, à l'administration de la police de Paris, que je partageais avec quelques collègues au nombre desquels était l'estimable M. Duport-du-Tertre, depuis garde des sceaux, conduit sur l'échafaud pour son attachement aux principes de la monarchie. Les orages de la seconde assemblée nationale, et les crimes d'août et septembre 1792, ceux du mois de janvier 1793, enfin le

(1) Ce Mémoire était composé lorsque le ministère de la police fut remplacé par une direction ; mais les motifs qui s'y trouvent développés me paraissant dignes d'être offerts au gouvernement et au public, j'ai persisté dans la résolution de les livrer à l'impression.

régime de la terreur qui en fut la suite, ont dû m'éloigner de Paris, théâtre de désespoir et de forfaits pendant près de deux ans. Retiré à la campagne jusqu'après les journées des 13 et 14 vendémiaire an IV, journées où le canon des jacobins triompha des efforts des royalistes, j'attendis que quelque moment de calme me permît de reparaître dans l'administration.

La constitution de l'an III ayant été mise en activité, les autorités d'alors et surtout le directoire exécutif, reconnurent qu'un ministère de la police générale était une institution indispensable au sortir de la cruelle anarchie où la France venait d'être plongée. Malgré les vices de cette constitution, on avait un tel besoin de repos, qu'une sorte de tranquillité succéda aux orages. Ce mieux devint plus sensible lorsqu'on eut appelé au ministre de la police un homme dont il ne semblait pas qu'on dût attendre autant de modération qu'il en montra, et qu'il en aurait montré, si

le directoire, et le ministre de la justice
surtout, ne se fussent opposés à son système de paix et de tolérance publique. Je
veux parler de M. Cochon de-l'Apparent,
aujourd'hui sénateur. Il pensa que pour
atteindre le but qu'il s'était proposé, en
prenant possession du ministère, il devait
s'entourer d'hommes dont les principes de
justice et la droiture fussent sûrs. Il me fit
l'honneur de me classer dans ce nombre. Il
forma une division des lois et un conseil
particulier ou bureau de consultation, qui
me furent confiés. Toutes les questions,
les difficultés qui se présentaient dans l'ap-
plication des lois de police, étaient ren-
voyées au bureau de consultation. On les
examinait, on les discutait, ensuite on pre-
nait une décision générale qui réglait la
conduite et la jurisprudence du ministère
pour les cas semblables. Par la nature de ma
place, j'étais rapporteur à ce bureau ou
conseil, composé essentiellement du ministre, des chefs de division et du secrétaire
général.

On a encore présentes à la mémoire, sans doute, les espérances que les gens de bien conçurent de ce ministère; les persécutions diminuèrent sensiblement, la liberté des opinions fut tolérée, la sûreté personnelle protégée, une faveur particulière accordée à cette classe de Français que la terreur avait éloignés de leurs foyers; on se demandait comment un homme qui, dans la convention, s'était laissé entraîner à l'horrible jugement dont la France gémit encore, pouvait se montrer l'appui d'un parti déclaré ennemi et proscrit; indifférent à de pareilles considérations, le ministre n'en protégeait pas moins, de tout le pouvoir de sa place, les décisions saines et courageuses du bureau de consultation. Mais le 18 fructidor vint renverser ce commencement de retour à l'ordre; et la France vit, sous un nouveau ministère, la terreur et la persécution recommencer ; je fus chassé, comme de raison, du ministère de la police; mais je me retirai du moins, ainsi que mes collègues, avec la satisfaction d'avoir, pendant deux ans, fait tout le bien qu'il nous était permis de faire.

Ces détails m'ont paru nécessaires pour donner au lecteur la preuve qu'en parlant de la police, je ne traite pas une matière qui me soit étrangère; j'aurais pu y joindre des particularités intéressantes aujourd'hui, mais ces *révélations* ont toujours quelque chose de trop personnel, qui nuit souvent à l'objet qu'on s'est proposé d'exposer à son lecteur.

Il s'agit ici de montrer que dans les intérêts du roi, de la monarchie et de la France, le ministère de la police est une branche nécessaire du gouvernement; c'est ce que je crois avoir prouvé : je n'ai eu besoin pour cela que de réunir des considérations à la portée de tout le monde; dans un autre écrit, je me propose de montrer que le bien qu'on doit en attendre ne peut résulter que de l'abolition des lois de circonstances, des lois gênantes et de rigueur, dont le ministère de la police est chargé de maintenir l'exécution; il en est beaucoup de ce genre que l'ignorance ou l'oubli maintiènent au nombre des lois en vigueur; c'est au ministre de la police lui-même à les signaler au monarque généreux, qui n'entend sûrement pas nous assujétir au régime des années précédentes.

Une vérité avouée, c'est que si l'*administration des choses* a été sous le dernier règne sensément et judicieusement assise et organisée, le *gouvernement des personnes* était fantastique, vexatoire et souvent insolent : la police, chargée d'en exécuter les mesures, doit donc être aujourd'hui animée d'un nouvel esprit, esprit conforme au système de bonté et de liberté sous lequel nous avons l'espérance et la promesse de vivre.

PEUCHET.

Paris, 23 avril 1814.

DU MINISTÈRE

DE

LA POLICE GÉNÉRALE.

——

Peut-on se passer du ministère de la police, réunir ses attributions à celui de l'intérieur? Est-il vrai que les maires ou sous-préfets puissent remplacer les commissaires-généraux, et que dans un état bien gouverné il suffise de l'autorité municipale pour réprimer les désordres et prévenir les attentats secrets contre le repos public et l'autorité du souverain?

Ceux qui pensent ainsi, ont-ils réfléchi aux conséquences d'une pareille suppression dans le passage d'un gouvernement détruit à un autre qui se rétablit? Ont-ils calculé ce que l'absence d'une police active et vigilante peut laisser de ressource aux passions turbulentes, aux mouvements inquiets de l'esprit de faction? Savent-ils tout ce que peut la méchanceté affranchie d'une contrainte mesurée? N'est-ce pas après un mûr examen qu'en 1796, lorsqu'il fut question d'assurer l'établissement du directoire, on prit la résolution de créer un ministère de la police générale? Il fut démontré alors que l'affermissement de la nouvelle constitution serait impossible sans cette autorité. Soumise à la responsabilité et obligée de respecter la liberté de la presse, on ne craignit pas de lui accorder l'initiative des mesures de sûreté propres à maintenir la paix publique contre les efforts de l'anarchie, d'où l'on commençait de sortir.

On reconnut que le gouvernement qui, dans d'autres temps, aurait pu se passer d'un ministre de la police générale, se trouverait sans appui contre les mécontents, s'il n'en recevait des secours à une pareille époque. Qu'il fallait, pour rétablir le calme et la subordination, une action émanée immédiatement de l'autorité et dirigée avec art vers sa conservation. Que ne pouvant pas et ne devant pas comprimer l'opinion publique, même celle d'un parti, il était important d'en suivre les effets, d'en connaître les vues et d'en prévenir les conséquences; que ce ministère, organisé sagement et sur des principes libéraux, serait également utile à la subordination et à la liberté; qu'ennemie de l'anarchie, le pire de tous les états, la police veillerait à ce qu'une portion du public ne se prévalût pas de la faveur populaire pour en vexer une autre, et maintiendrait ainsi l'équilibre des droits.

La ressemblance des deux époques n'est pas parfaite, sans doute; les personnes et les circonstances sont différentes; la France, éprouvée par tant de malheurs, connaît mieux aujourd'hui ce qui constitue son véritable bonheur; mais les passions des hommes sont les mêmes dans tous les temps; des ferments insensibles peuvent se développer, troubler la paix de l'état; les besoins de l'autorité et ses rapports avec le maintien du gouvernement n'ont point changé; ils réclament les mêmes secours, ils demandent le même appui.

Confondre quelques abus avec une institution aussi essentielle que le ministère de la police, en demander la suppression, uniquement parce qu'elle existait sous un régime outré dans l'emploi du pouvoir; fermer les yeux sur les services qu'un prince aimé peut en retirer, n'est-ce pas retomber dans cette malheureuse habitude de destruction où nous avons tant de regrets de nous être laissé aller?

L'espionnage domestique, le despotisme de la police sur les ouvrages rédigés avec une légitime liberté, les maximes bizarres d'une autorité fantastique, l'insolence de quelques employés, sont aussi étrangers au ministère de la police, que la rapacité, la prévarication, la vénalité, reprochées aussi quelquefois à certains membres des tribunaux, le sont à l'ordre judiciaire : ne serait-ce pas une injustice, une démence, de confondre des choses si différentes, si opposées ?

Sous un prince éclairé, juste, et ami des peuples, la police générale ne peut donc inspirer d'inquiétude raisonnable, fondée ; l'homme turbulent, factieux, ou le brigand pourraient seuls en concevoir ; elle rassure le citoyen honnête, attaché à ses devoirs : elle est le soutien de la justice et la garantie de la paix publique.

Un prince malheureusement enivré de sa puissance, contempteur des hommes, livré à des principes tyranniques, pourrait, un temps, abuser des mesures de police générale pour opprimer son peuple, mais ce serait au péril de sa couronne. Et d'ailleurs, fût-il privé de ce moyen de despotisme, n'aurait-il pas l'armée, le trésor, le droit de paix et de guerre, dont il pourrait faire un égal abus ? ne dites donc pas que c'est élever un rempart contre

la tyrannie que d'ôter au gouvernement la ressource de la police générale ; dites plutôt que
vous l'énervez au profit des factieux et de ceux
qui ne lui envieraient cet appui que pour éta-
blir leur autorité sur la sienne.

L'expérience a prouvé que les institutions
publiques sont ce que les chefs des états les
font, bonnes ou mauvaises, durables ou pas-
sagères ; dans les républiques, comme dans les
monarchies, cette vérité trouve son applica-
tion. Dès que le souverain est injuste, mal
éclairé, irrésolu, le malheur des peuples com-
mence et se perpétue au milieu des troubles ;
il faut alors substituer des mesures violentes
aux lois générales ; rendre arbitraire l'autorité
contenue jusqu'alors dans de sages limites ; un
ministère de la police peut porter ombrage
sous un prince ainsi entraîné par son impru-
dence et son aveuglement ; il ne semble propre
qu'à prolonger l'agonie de l'état, sans y ap-
porter de remède.

Mais sous un monarque sûr de ses droits,
qui veut que chacun de ses sujets conserve la
plénitude des siens, qui n'ôte à aucun d'eux
la liberté d'écrire et de parler aux termes
d'une sûre responsabilité, qui appèle à ses
délibérations, je dirais presque au partage de

sa souveraineté, l'élite de la nation, qu'aurait-on à craindre d'un moyen d'ordre placé entre ses mains, et contre l'abus duquel chaque citoyen serait toujours admis à offrir une réclamation fondée?

Je vais plus loin : si sous un mauvais prince toute autorité devient odieuse, ce serait peut-être un bien qu'il y en eût une qui surveillât l'action des agents du maître, qui en modérât les écarts et prévînt les vexations personnelles, fruit d'une lâche et basse complaisance. Dans une grande administration, sous quelque régime que ce soit, ce faux zèle déplaît toujours; on y sent bientôt le besoin de le réprimer. Oui, sous la tyrannie, le pire des maux est encore l'arbitraire des agents subalternes, parce qu'au lieu d'un tyran, on en trouve autant qu'il y a de mandataires de l'autorité publique. Sous le gouvernement, d'affreuse mémoire, de la convention nationale, ne s'est-on pas estimé quelquefois heureux d'appeler des outrages d'un agent de commune aux membres mêmes des comités de *sûreté générale* ou de *salut public*, quelque féroces et barbares qu'ils fussent?

C'est donc se battre contre un vain fantôme que d'atténuer l'utilité d'un ministère de la police générale par les craintes qu'il pourrait inspirer, par l'appui qu'un prince despote y pourrait trouver. Est-il possible, au reste, de concevoir l'ombre d'un pareil danger à l'époque mémorable ou nous nous trouvons ; y eut-il jamais des tyrans dans cette illustre maison de Bourbon, dont le nom se confond avec tout ce qu'il y a de bon et de grand au monde ? l'Europe entière répond pour nous ; l'Europe qui voit la paix du monde attachée à son rétablissement sur un trône qu'elle a orné de tant de vertus et de gloire.

Sûrement la stabilité, la longue durée d'une monarchie, rendent moins utile l'autorité d'une police ministérielle ; les lois sont devenues des habitudes ; le pouvoir du roi, celui des magistratures ont pris un à-plomb qui exclut toute hésitation ; les intrigues, les menées des factions ne sont plus à craindre, elles n'existent plus ; l'ordre s'est identifié avec toutes les volontés, et le petit nombre de celles qui voudraient le troubler est contenu par l'action de la justice ordinaire.

La police ministérielle est une création nouvelle ; peut-être est-elle le fruit, un besoin des sociétés actuelles ; les hommes ne sont plus et seront moins que jamais, vassaux, sujets de seigneurs, de maîtres du territoire : l'indépendance des individus, celle de leurs actions, de leur industrie, est assurée par la distribution des richesses autrefois resserrées entre les mains des seuls propriétaires ou de leurs serviteurs; les progrès de la civilisation, des arts, d'heureux changements survenus dans l'exercice de l'autorité souveraine, ont dû contribuer à cette même indépendance. Les sujets de l'état sont donc plus libres dans leurs mouvements, ils ont plus de contact avec le gouvernement; leurs passions, leurs opinions agissent sur lui avec une continuelle activité; il ne peut éviter d'en ressentir les effets; il faut donc qu'il les prévoye, les évite ou les arrête, suivant que la sagesse et l'intérêt de l'état le veulent. Pouvez-vous, dans de pareilles circonstances, vous passer de ce que l'on a appelé *police ministérielle ?* Comment, sans elle, suivre, connaître le mouvement de la société, ses besoins, ses déviations, l'état de l'opinion, les erreurs et les sectes qui tourmentent les esprits ? Qui aura l'initiative nécessaire pour en prévenir les dangers ? Où placerez-vous ce pouvoir discrétionnaire qui, soumis, nous le répétons, à une juste responsabilité, peut empêcher tant de maux et faire tant de bien?

A l'époque où tous les anciens établissements furent supprimés en France, la charge de lieutenant général de police de Paris dut l'être comme les autres ; mais quelle confusion, quel embarras n'en résulta-t-il point ? L'administration de la police, confiée à cinq administrateurs en chef, membres de la nouvelle municipalité, n'eut long-temps aucun centre d'action : on se hâta cependant, pour prévenir l'accroissement du désordre, de faire revivre plusieurs des établissements soumis avant au lieutenant de police. On remédia ainsi à une partie du mal ; mais, par leurs attributions, les nouveaux administrateurs n'exerçaient aucun pouvoir au-delà des limites de Paris. Ils virent donc, avec d'impuissants regrets, les troubles et l'anarchie faire des progrès dans les provinces, sans pouvoir les prévenir, sans les connaître même autrement que par les papiers publics. Dans de telles conjonctures, un ministère de la police générale n'eût-il pas sauvé beaucoup de maux à la France ? Quelques administrateurs de la police en proposèrent le projet. *L'assemblée constituante* ne voulut pas s'en occuper : un député seulement fit imprimer, mais long-temps après, un plan de police générale qui parut ne point répondre à l'attente du public.

Le lieutenant de police de Paris était un vrai ministre de la police ; par une extension forcée de sa place, il avait amoncelé, si l'on peut parler ainsi, dans ses bureaux la police de tout le royaume. Le ministre de la maison du roi, ou de l'intérieur, et celui des affaires étrangères, étaient en quelque sorte dans sa dépendance pour les mesures de prévoyance qu'exigeaient leurs ministères. Ne retombe-rait-on pas dans le même inconvénient aujour-d'hui, et la préfecture de la police de Paris ne ressemblerait-elle pas bientôt aux bureaux de l'ancienne police, si l'on était privé d'un ministère de la police générale ? Il faudrait multiplier confusément les attributions de l'une par l'imprudente suppression de l'autre : alors le roi, la cour, les ministres, attendraient de cette administration secondaire une surveil-lance, des mesures qui ne peuvent être que du ressort de l'autorité supérieure.

« Autrefois, remarque-t-on, il n'existait » pas de ministère de la police générale. » Mais d'abord, on vient de faire observer l'in-convénient qui résultait de la concentration de toutes les mesures dans les bureaux du lieutenant de police. Ils étaient surchargés d'un fardeau immense ; tout venait y aboutir, si on en excepte quelques affaires du ressort des deux ministres, dont on a parlé plus haut.

Quant à la grande police, celle qui intéresse la paix des provinces, l'ordre et la tranquillité générales, les parlements étaient de plein droit en possession d'en prescrire les mesures, et de les faire exécuter à la réquisition des procureurs-généraux. Ces corps illustres qu'entouraient le respect des peuples, l'estime des rois, et la confiance nationale, exerçaient ce pouvoir dans les moments de calamité, dans les séditions, dans les temps de grande disette. Les premiers présidents, les avocats et procureurs-généraux avaient, par le droit de leurs charges, une portion de l'autorité politique, justifiée par une longue possession et un emploi toujours dirigé vers l'intérêt de la monarchie.

Le ministère de la police générale, comme partie du gouvernement, aurait donc été moins utile alors que depuis les secousses que l'autorité royale a éprouvées : il aurait pu d'ailleurs donner lieu à des conflits d'autorité entre lui et les cours souveraines. Des magistrats aussi élevés par leurs fonctions auraient pu repousser ou méconnaître des opérations ministérielles, regardées peut-être comme un empiè-

tement sur leurs droits. Ces inconvénients n'é-
taient point à craindre avec l'office de lieutenant général de police de Paris. Quoique revê-
tu d'un caractère de magistrature, celui qui
l'exerçait était soumis au parlement ; il était
responsable à cette cour des mesures de tranquillité et d'ordre qu'exigeait la police de cette
grande ville : le parlement pouvait le citer à sa
barre pour rendre compte de sa conduite, lui
adjoindre de se conformer aux devoirs de sa
place, ou lui en prescrire selon que les circonstances l'exigeaient.

C'est donc à tort qu'on voudrait conclure de
ce que le ministère de la police générale n'existait point à ces époques de la monarchie, qu'on
puisse s'en passer aujourd'hui. On n'avait rien
à faire revivre alors, si on peut s'exprimer
ainsi ; l'ordre public n'avait point éprouvé cette
désorganisation générale que nous avons tous
vue ; le trône, entouré de ses appuis et de la
gloire de quinze siècles, ne connaissait aucune
de ces dures épreuves qu'il a subies de nos
jours ; l'habitude gouvernait ; les principes re-
ligieux entraient encore dans les motifs des
actions des hommes ; l'autorité n'avait à lutter
que contre des obstacles connus, ou des désordres faciles à réprimer ; les peuples igno-

raient de quoi sont capables les menées, la force des factions et l'empire de l'opinion; ils ne savaient pas à quel point une résistance insensible d'abord, peut produire, avec le temps, de fâcheuses subversions politiques; la surveillance était moins nécessaire, la police moins importante.

« Vous entendez donc, objectera-t-on encore, comprimer toute opinion, faire du ministère de la police un système d'inquisition politique? » A Dieu ne plaise; donner un pareil conseil, serait vouloir l'impossible : le despotisme comme l'anarchie sont également à éviter; vous exposeriez l'autorité souveraine à une lutte pénible; de semblables conseils seraient des piéges tendus à la crédulité du gouvernement, qui en reconnaîtrait bientôt le danger.

Le ministère de la police ne peut ni ne doit être un épouvantail pour la liberté, malgré ce que voudraient faire entendre des esprits prévenus; son but est de connaître les causes des dissentiments d'opinion, d'en pénétrer les motifs, de mettre les sujets paisibles à l'abri des secousses qui peuvent en résulter. La paix, la sûreté de tous sont ses premiers devoirs; ce sont des biens que les peuples ont droit d'exiger. Or, comment y pourvoir, comment en assurer les bienfaits, s'il est impossible de pénétrer dans les manœuvres des mécontents, de dévoiler et prévenir les démarches insensées de la perversité ou de l'esprit de parti, éternels tourments de la société?

Le mot *compression* employé pour désigner la mesure de répression que la paix publique exige, est impropre et outré. La compression ne remédie à rien ; la surveillance et la juste sévérité dans l'exécution des lois publiques, sont les appuis de l'autorité ; ce sont ceux qui conviènent au ministère de la police, sous un prince fort de son droit et de l'amour des peuples, qui méprise la violence et ne veut connaître que les voies de l'équité.

Qui fit jamais plus d'usage d'une répression outrée? qui *comprima* davantage et qui le fit avec une plus terrible issue que le dernier gouvernement? en quel temps les ministres de l'autorité politique montrèrent-ils plus de mépris pour les Français, que sous ce règne? à quel point ridicule de gêne ne fut pas réduite la faculté d'écrire? Eh bien! à quoi tout cela a-t-il servi? Ce maître impérieux s'est privé des secours qu'il pouvait attendre d'hommes instruits, modérés ; il n'a vu que par ses flatteurs, qui eux-mêmes tremblaient devant lui, déguisaient leur pensée, et applaudissaient tout haut ce que dans leur cœur ils désavouaient tout bas. Leur conduite peu courageuse n'en a pas moins servi les projets d'une meurtrière ambition, secondé des vues tyranniques, et enfin contribué à la ruine de leur maître. Tels étaient sans doute les desseins de la Providence ; mais j'y vois aussi les funestes suites de ce système de compression avec lequel, on doit le répéter, il est absurde de confondre la juste mesure de fermeté et de prudence qui convient à un sage ministère de la police.

Ne méprisez ni les hommes ni leurs plaintes, pourrait-on dire à un ministre du roi ; ne vous obstinez pas à des mesures que les temps et les circonstances rendent inutiles ou trop pesantes ; satisfaites les mécontentements fondés ; marchez pied à pied dans la ligne du pouvoir, et ne vous exposez pas à des pas rétrogrades ; profitez de l'expérience du passé, et gardez-vous de cette pensée, que les hommes dépouillent les opinions et les ressentiments aussi vite et aussi sincèrement que leurs discours sembleraient souvent l'annoncer.

De grands événements ont dû élever la

pensée du peuple français ; l'ont ils amélioré ?
Il est juste de le croire ; au moins courrait-on
risque de se méprendre , si l'on ne tenait
compte, dans la manière de le gouverner, de
l'influence qu'ils ont dû avoir sur lui. Fut-il
jamais un plus grand spectacle ? « L'Europe
» est à vos portes, qui attend de vous la paix
» du monde, » ont dit au peuple de Paris de
magnanimes souverains. Quel sujet d'orgueil!
quelle scène de grandeur! Puissent les Français ne jamais oublier cette circonstance, et
se montrer toujours dignes d'un pareil rôle!
Mais c'est aussi au gouvernement à soutenir,
par des institutions libérales, par l'encourage-
ment des vertus, des arts et des talents, le
noble élan vers lequel la France entière est
poussée aujourd'hui.

La police est un des ministères qui peuvent
le plus y contribuer; régulateur, jusqu'à un
certain point, de l'opinion ; attentif à en dé-
tourner les fausses doctrines, le charlatanisme
et la morale corrompue, il peut aider l'action
des lumières et favoriser le retour aux principes de la croyance religieuse, à l'amour des
lois et de la patrie.

On insiste, et l'on craint que le ministère
de la police ne perpétue des gênes inutiles,

une surveillance enfantée par la folie des révolutionnaires, ou l'inquiétude du despotisme;
on cite des lois de circonstance, lois de rigueur et odieuses, qui ne sont point expressé-
ment abolies; un arrêté du ministre peut les
remettre en vigueur, dit-on, la police s'en
servir, et s'attirer la haine vouée à tout ce qui
rappèle les époques d'anarchie.

Mais ce reproche tomberait plutôt sur la
législation que sur le ministre ; il ne pourrait
être blâmable qu'autant qu'il négligerait de
solliciter du gouvernement l'abolition de pareilles lois, qu'il en laisserait ignorer l'inuti-
lité, ou l'embarras de les exécuter sans ex-
citer de justes plaintes. Mais quel intérêt un
ministre pourrait-il avoir à négliger cet important objet ? Quelque aveuglement qu'on
lui suppose, il faudrait enfin qu'il se rendît
au vœu du public et des administrés.

L'objection au reste que l'on fait ici, tirée
de l'existence de lois inutiles ou révolutionnaires, ne pourrait-elle pas aussi s'appliquer
aux maires, aux adjoints, à tous les officiers
de police, qu'il faudrait alors tous supprimer ?
A force de trop prouver, on finit par ne produire aucune conviction : on ne peut donc rai-
sonnablement opposer cette difficulté aux rai-

sons solides que nous croyons avoir établies plus haut en faveur du ministère de la police générale.

Mais puisque nous avons nommé les maires, adjoints et autres officiers chargés d'administrer la police locale, n'aurait-on rien à craindre de leur inégale manière d'envisager ou d'appliquer les lois de leur ressort, s'il n'y avait une autorité supérieure chargée de la rendre uniforme, et de prévenir les déviations dictées par la haine ou l'intérêt ? Ne peut-on pas craindre que, sans cette surveillance, la liberté morale soit partout entravée au milieu des actes d'autorité irrégulière, que sous divers prétextes ces magistrats subalternes se permettraient dans l'exercice de leurs fonctions ? On connaît ce que peuvent les animosités, les rivalités de villes, l'esprit de parti, de secte, dans les provinces. Qui en contiendra les effets ? qui offrira au prince le tableau de leur bizarre assemblage et les moyens de le faire disparaître, si tout est abandonné à des autorités inférieures, ou à des personnes occupées de l'administration des choses ? si le pouvoir discrétionnaire de l'autorité locale, en fait de police, n'est pas réglé, contenu par une puissance telle qu'est celle d'un ministre du roi ? Il est donc évident que, sous le rapport de la liberté morale, l'institution d'une police générale est encore désirable, lorsqu'elle est nécessaire sous celui de l'ordre et de la paix publique, les plus précieux des biens.

Mais vous insistez, et développant la première objection, vous dites : «un mauvais prince abuse » de tout ; il abusera de ce ministère.» Mais, de bonne foi, une pareille crainte est-elle possible aujourd'hui? Pourquoi voudriez-vous que le roi abusât? Qu'est-ce que cela peut signifier dans l'état des choses, dans une monarchie gouvernée par des princes universellement admirés pour leur douceur et leur indulgence?

Mais, admettant par une supposition purement de fantaisie qu'il y eût un mauvais prince en France, n'y aurait-il que la police dont il pût abuser ? A moins d'être aveuglé comme Napoléon, pourrait-il méconnaître dans les rapports d'une police véridique et bien instruite, les mécontentements, les plaintes qu'exciteraient ses folles opérations? Ne serait-ce pas pour lui et pour ses peuples un moyen de salut ; un moyen à ceux-ci de montrer leur juste ressentiment, et au prince de se réformer? Car enfin, il est permis de croire que la tourbe de bas flatteurs, qui ont si étrangement flatté l'aveuglement du maître sous le dernier règne, ne se reproduira jamais à ce degré de bassesse et de mensonge. Un ministère de la police, loin d'être essentiellement l'appui d'un roi méchant et pervers, peut donc au contraire ouvrir les yeux sur sa conduite, et rappeler le monarque à la connaissance de ses vrais intérêts.

Mais, dites-vous, « l'exécution de ses or- » dres, commise à la police générale, sou- » tiendra son despotisme. » Mais quand il n'aurait pas ce moyen d'exécution, ne pourrait-il pas, et avec plus de mal encore pour le peuple peut-être, ne pourrait-il pas confier ses ordres à toute autorité, sous quelque nom qu'elle se déguise ? Alors l'espionnage domestique, les délations, les visites domiciliaires, les arrestations arbitraires, l'esclavage des routes, l'asservissement à des réglements bizarres, émaneraient d'hommes obscurs, perdus, n'offrant aucune garantie, aucun recours contre eux dans aucun temps ; après l'iniquité accomplie, ils se perdraient dans la foule, l'impunité couvrirait leur coupable conduite. Un ministère de la police générale présente-t-il, même dans les temps de calamité, de pareilles chances de malheur et d'oppression ? Mais éloignons ces tristes images ; leur retour est au nombre des impossibles, sans doute ; le ministère de la police ne doit être envisagé aujourd'hui que comme une institution protectrice, une garantie de plus de la paix publique et des opinions religieuses et morales.

Et en effet, quelle raison d'y voir un autre objet ? Que signifient ces craintes puériles, ces alarmes fausses sur les attributions de son autorité ? Prétendrait-on, à l'aide de secrètes inquiétudes, ou d'une turbulente démagogie, ôter au souverain légitime le moyen d'affermir ses justes droits, ceux du peuple et de l'état, lorsqu'avec tant de complaisance on préconisait, sous le gouvernement qui vient de cesser, le mérite de ce ministère ? Nous avons déjà touché ce soupçon, il nous serait trop pénible d'y revenir. Mais l'esprit de parti est si aveugle, qu'il ne s'aperçoit pas même de la fausse route que son égarement lui fait faire.

Nous ne voyons pas non plus pourquoi un ministre de la police, juste et humain) il ne faut pas aller loin pour le nommer), n'acquerrait pas une influence morale que jusqu'à présent nous ne lui avons pas reconnue. Pourquoi ne deviendrait-il pas le dépositaire des troubles et des persécutions domestiques qui font si souvent le malheur des familles ? Qui empêcherait qu'en magistrat aussi bien qu'en administeur, il offrît le secours d'une autorité protectrice contre ces longues et cruelles intrigues, d'où nous voyons souvent naître la subversion des fortunes et des maisons les mieux établies ? Mais ceci n'est qu'un vœu, qu'un aperçu que nous croyons inutile de développer et que nous abandonnons au jugement du lecteur.

« Le ministère de la police présente quelque chose de mystérieux et de repoussant ; les employés vous accueillent comme des ennemis, ou au moins d'importuns curieux qui viènent dérober leurs secrets. » Cela peut être de quelques uns d'entr'eux ; il y a des hommes, et surtout des employés, qui affectent une importance ridicule dont le public se moque, sans que cela les convertisse. Mais cette maladie n'est pas particulière à la police ; on s'en est plaint de tout temps, on s'en plaindra longtemps. C'est au reste la plus légère des objections, et nous ne la rapportons que pour montrer notre impartialité ; nous pouvons ajouter qu'il serait injuste de faire aux employés de bon sens ce reproche qui siérait très-bien au reste, à des hommes qui ne sont rien moins qu'employés.

« Malgré tout ce que vous dites, continue-
» t-on, tant de Français émigrés ou réputés tels,
» tant de victimes des lois révolutionnaires, des
» mesures impériales, ont à se plaindre de ce
» ministère; son nom leur rappèle des souvenirs
» si pénibles, que vous n'empêcherez jamais
» qu'ils n'en conservent et propagent la haine.»

Ils auraient tort de penser et d'agir ainsi ;
l'opinion de quelques individus n'est pas celle
du public ; est-il d'ailleurs présumable qu'aujourd'hui que de plus heureuses circonstances
les réunissent autour du trône, ils n'oublient
ces fâcheux ressentiments? Ne seront-ils pas,
au contraire, les plus intéressés à désirer le
maintien de tout ce qui peut affermir ce trône,
éventer et déjouer les menées des factieux,
dissiper les nuages qui planaient sur l'hori-
zon, faciliter au roi l'action de sa puissance et
applanir les obstacles que quelques nuances
d'opinion ou d'intérêts opposés pourraient faire
naître? Rendons plus de justice aux Français
que l'on désigne ici sous le nom d'émigrés, et
croyons qu'il y a plus d'exagération que de
réalité dans l'opinion qu'on leur suppose avec
un peu de légèreté sûrement.

Un objet plus important est le plan judicieux qu'un ministre de la police générale a à se tracer dans l'exercice de ses importantes fonctions ; la sagesse et la fermeté doivent en être la base. Éclairé par l'expérience du passé, sur l'impossibilité de régir une grande nation avec des lois de fer, il cherchera dans des mesures de prudence, de sagesse, de justice, les moyens de prévenir les écarts de l'opinion et les folles prétentions de l'orgueil ; il portera au pied du trône, et sous les yeux du souverain, les besoins des peuples, dont ses relations lui faciliteront la connaissance ; il soumettra à une sévère révision ces lois dictées par des autorités jalouses et incertaines de leurs droits ; il prescrira aux agents soumis à sa direction, ces égards, cette circonspection, ce respect des convenances pour lesquelles on a eu jusqu'à présent si peu de considération. Telle est l'idée qu'on aime à se faire d'un ministre de la police, tel est le caractère qu'il doit revêtir aujourd'hui ; on se plaît à croire que ce souhait peut être réalisé, d'heureux indices au moins autorisent à le penser.

En résumant donc ce que nous venons d'exposer, on voit,

1° Que le ministre de la police, utile dans

tous les temps, l'est surtout au passage d'un gouvernement détruit à un gouvernement nouveau;

2° Qu'il n'est rien en lui qui le rende ennemi du système de liberté publique, tel qu'on doit en jouir sous un monarque puissant et bon;

3° Que, même sous le régime républicain, on en reconnut l'utilité pour assurer la paix publique et la tranquillité du gouvernement contre les efforts des partis;

4° Que l'abus qu'a pu faire du ministère de la police le despotisme impérial, tient au caractère de celui qui gouvernait, et non à la nature de cette autorité;

5° Que si l'on pouvait en redouter l'arbitraire pour la liberté morale et civile, ce serait à quelques lois peut-être encore entichées de principes révolutionnaires, et non à la police qu'il faudrait s'en prendre, le ministre n'étant que l'exécuteur des lois;

6° Que par conséquent s'il y a quelque chose à changer dans cette partie du gouvernement, c'est dans la révision des lois de police que doit consister ce changement; c'est aux législateurs à s'en occuper;

7° Que si autrefois en France il n'y avait

pas de ministre de la police générale, c'est que les parlements en avaient les principales attributions ; qu'ils pouvaient, de leur plein droit, ordonner des mesures de sûreté publique, et veiller à celle de l'état par le ministère des premiers présidents, procureurs et avocats-généraux ;

8° Que sous certains rapports et par une accumulation peut-être excessive de pouvoir, le lieutenant-général de police de Paris, faisait, dans les temps ordinaires, la fonction de ministre de la police générale ;

9° Qu'aujourd'hui la responsabilité des ministres, la liberté légitime de la presse, l'expérience du passé, la monarchie rétablie, doivent ôter toute inquiétude sur les abus de ce ministère ;

10° Enfin que l'intérêt national, le besoin du repos, et la saine politique, exigent la conservation d'une administration aussi essentiellement liée au maintien de la paix publique et de l'autorité royale.

FIN.